Beatrix Mannel

Eisbärengeschichten

Illustrationen von Rooobert Bayer

Bibliografische Information Der Deutschen Bibliothek

Die Deutsche Bibliothek verzeichnet diese Publikation
in der Deutschen Nationalbibliografie;
detaillierte bibliografische Daten sind im Internet
über http://dnb.ddb.de abrufbar.

*Der Umwelt zuliebe ist dieses Buch
auf chlorfrei gebleichtem Papier gedruckt.*

ISBN 3-7855-4779-X – 1. Auflage 2003
© 2003 Loewe Verlag GmbH, Bindlach
Umschlagillustration: Jutta Knipping
Reihengestaltung: Angelika Stubner

www.loewe-verlag.de

Inhalt

Eine bärenstarke Party

Jeden Dienstag
geht Tim in den Zoo.
Dort hilft er dem Wärter Willy,
die Tiere zu füttern.
Tim liebt besonders die Eisbären.
Aber was ist denn heute bloß
mit Eisbär Ole los?
Er rührt sich einfach nicht
vom Fleck.
Der Bär legt nur müde
den Kopf in seine Tatzen
und frisst keinen einzigen Fisch.

„Ist Ole krank?",

fragt Tim besorgt.

Willy schüttelt den Kopf.

„Heute Morgen hat ihn

der Tierarzt untersucht.

Ole ist kerngesund."

„Vielleicht ist Ole traurig",

überlegt Tim.

Und da hat er

eine bärenstarke Idee.

Er flüstert Willy

etwas ins Ohr.

„Na gut", sagt Willy und grinst.

„Hauptsache, Ole frisst wieder."

Und schon legen

die beiden los.

Tim hängt Luftballons

im Gehege auf.

Willy verteilt Luftschlangen

auf dem Boden.

11

Ole schaut den beiden dabei

neugierig zu

und wundert sich.

Dann kommen alle Bären,

die im Zoo leben.

Der Pandabär kommt mit einem

riesigen Büschel Bambus.

12

Der Braunbär hat einen
großen Eimer Lachse dabei.
Und der Waschbär
bringt einen Korb Früchte
mit ins Gehege.
Eine Bärenparty
für den traurigen Ole.
Tim und Willy freuen sich.

Eisbär Ole freut sich auch.

Er freut sich so sehr,

dass er alles verspeist,

was seine Gäste

ihm mitgebracht haben.

Das seltsame Ding

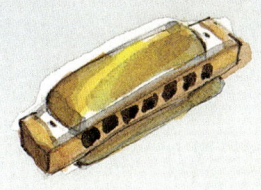

Paula Eisbär, Leo Schneehase
und Ria Robbe machen ein Wettrennen.
„Wer zuerst am Eisberg ist,
hat gewonnen!",
ruft Paula ihren Freunden zu.
Leo und Ria rennen,
so schnell sie können.

Und da passiert es:

Paula stolpert

und fällt in den Schnee.

Als sie wieder aufsteht,

entdeckt sie ein seltsames Ding

auf dem Boden.

Sie ruft Ria und Leo.

„Schaut mal her,

so etwas habt ihr

noch nie gesehen!"

„Das sieht ja komisch aus!",

sagt Leo und hebt das Ding auf.

16

„Vielleicht ist es ein Sieb?
Es hat so viele Löcher",
überlegt Ria.
„Es ist bestimmt
etwas sehr Kostbares",
sagt Paula.
„Stimmt, es funkelt
fast wie Gold",
staunt Ria.

Paula grinst.

„Vielleicht ist es ja
ein verzauberter Frosch!"
„Quatsch, so etwas gibt es doch
nur im Märchen",
behauptet Ria.
Leo schüttelt das Ding kräftig,
aber es passiert nichts.

„Ein seltsames Ding",
sagt er.
„Vielleicht passiert ja etwas,
wenn wir Luft
durch die Löcher pusten",
schlägt Ria vor.

„Eine tolle Idee!",
sagt Leo und bläst mit dem Mund
in die Löcher hinein.
Wie durch Zauberei
erklingt eine kleine Melodie.

„Toll!", jubeln Paula und Ria.

„Was für schöne Musik!"

Jetzt müssen die drei Freunde

nicht mehr um die Wette rennen.

Sie können um die Wette tanzen!

Wie gut, dass Paula

in den Schnee gefallen ist.

Sonst hätten sie dieses

seltsame Ding nie gefunden!

Die Nordpol-Olympiade

„Bernie, jetzt reicht's mir!"
Toby, die Robbe, ist wütend.
„Du bist sooo langweilig!
Den ganzen Tag
sitzt du auf deiner Scholle.

Entweder schläfst du,
oder du frisst.
Du wirst von Tag
zu Tag dicker."

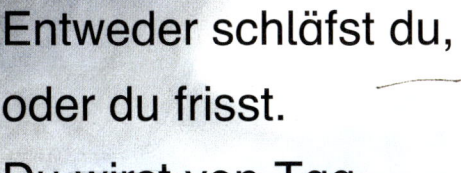

Toby springt ins Wasser
und schwimmt davon.
„Toby hat Recht", denkt Bernie.
„Ich liege schon den ganzen Tag
vor dem Fernseher herum.
Das ist ja wirklich langweilig!"
Er schaltet den Fernseher aus.
„Hey, Toby, warte doch!",
ruft er seinem Freund nach.

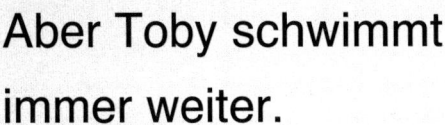

Aber Toby schwimmt
immer weiter.
„Toby!", ruft Bernie.
„Komm, wir spielen Olympiade!"

„Oly-was?",
fragt Toby
und kommt ein bisschen näher.
„Olympiade. Das ist
ein Sport-Wettkampf", sagt Bernie.
„Das hab ich gerade
im Fernsehen gesehen.
Wir veranstalten
unsere eigene Nordpol-Olympiade!"

„Und wie geht das?",
fragt Toby.
„Ganz einfach", sagt Bernie.
„Wir fischen und schwimmen
um die Wette.
Und dann hopsen wir
von Eisscholle zu Eisscholle.
Wer zuerst fertig ist,
gewinnt die Nordpol-Goldmedaille!"

24

„Das klingt gut!", findet Toby.

„Dann liegst du wenigstens
nicht mehr faul in der Gegend herum."

Bernie und Toby bereiten alles
für die Olympiade vor.

Sie hacken ein Loch ins Eis.

Sie legen Start und Ziel fest.

Sie basteln die Goldmedaille
aus einem Glitzerstein
und einem Band.

Fast alle Tiere wollen dabei sein:
Rentiere, Elche, Schneefüchse
und sogar die Schneehühner.
Toby und Bernie geben zusammen
das Kommando:
„Auf die Plätze,
die erste Nordpol-Olympiade geht los!"
Alle schwimmen oder rennen
blitzartig davon.

Sie strengen sich gewaltig an.
Deshalb gibt es
bei der Nordpol-Olympiade
auch viele glückliche Gewinner.
Am glücklichsten aber ist Toby,
weil sein Freund Bernie
gar nicht mehr langweilig ist.

Winterschläfchen

„Warum muss ich immer
so früh ins Bett?",
mault Lisa.
Ihre Mutter lächelt und sagt:
„Du musst morgen fit sein
für die Schule!"
Sie gibt Lisa einen Gutenachtkuss.

Dabei ist Lisa
überhaupt nicht müde.
Sie kuschelt sich an Eisi,
ihren großen, weißen Plüsch-Eisbären.

„Mama hat ja keine Ahnung!",
schimpft Lisa,
als die Mutter gegangen ist.
„Was regst du dich so auf?",
brummt Eisi zurück.
„Ich will nicht schlafen",
sagt Lisa.

„Warum denn nicht?",
wundert sich der Eisbär.
„Schlafen ist doch herrlich."
„Woher willst du denn das wissen?",
fragt Lisa.

„Na, hör mal", brummt Eisi,
„ich bin schließlich Fachmann!
Wir Eisbären schlafen im Winter
ganz viel und sehr lang.
Und wir stehen nur auf,
wenn wir einen Bärenhunger haben."

30

„Wie öde",
seufzt Lisa.
„Von wegen öde,
das ist herrlich!",
lächelt der Eisbär und sagt:
„Das Schönste am Schlafen
ist nämlich das Träumen."
„So ein Käse!",
erwidert Lisa.

31

Der Eisbär kuschelt sich
noch näher an Lisa
und flüstert ihr ganz leise ins Ohr:
„Wenn du träumst,
kannst du alles sein:
eine tanzende Schneeflocke,
eine Prinzessin ..."

„Prinzessinnen sind langweilig“,
gähnt Lisa.
Sie wäre lieber ein schreckliches,
grünes Schleimmonster.

Dann könnte sie
den gemeinen Boris erschrecken.
Der sitzt in der Schule neben ihr
und ärgert sie andauernd.
Aber noch viel lieber
wäre sie eine Polizistin.

Dann könnte sie alles
selbst bestimmen
und müsste nie mehr
so früh ins Bett!
Langsam fallen Lisas Augen zu.
„Na, endlich!",
freut sich Eisi
und begleitet Lisa
ins Land der Träume.

Bäriger Fasching

Kai hat ein Problem.
Er möchte sich heute
auf dem Schulfasching
mit dem besten Torwart der Klasse
zu einem Fußballspiel verabreden.
Aber der Torwart heißt Mika.
Und Mika ist ein Mädchen!

Immer, wenn er mit denen spricht,
sieht sein Kopf plötzlich aus
wie ein großer Ketschup-Fleck:
knallrot.

Was soll er jetzt bloß tun?
Kais große Schwester Marlene
hat da eine Idee.
„Wir haben doch noch
mein Eisbärenkostüm
vom letzten Fasching",
sagt sie.

„Das verstehe ich nicht!",
entgegnet Kai verwirrt.
„Ganz einfach", erklärt Marlene.
„Zu dem Kostüm
gehört doch ein Eisbärenkopf.

Den setzt du einfach auf.
Dann kannst du rot werden
wie eine Ampel,
und keiner wird es bemerken!"
Kai ist begeistert.

Als Eisbär verkleidet
geht er auf den Fasching.
Dort sucht er überall nach Mika.
Doch er kann sie
nirgends entdecken.
Aber was ist denn das?
In der Ecke beim Kuchenstand
steht ja noch ein Eisbär!
Kai will wissen,
wer da wohl drinsteckt.

„Hallo!",

sagt Kai ganz schüchtern

und wird schon wieder knallrot.

Aber das sieht ja jetzt keiner.

„Hallo!",

sagt da der andere Eisbär.

Kai erkennt die Stimme sofort.

Es ist Mika!

„Hättest du Lust,

mal mit mir Fußball zu spielen?",

fragt Kai.

„Na klar!", antwortet sie.

„Ich wollte dich

auch schon längst fragen,

aber ich hab mich nie getraut."

Kai muss plötzlich grinsen.

Und er ist immer noch

knallrot im Gesicht.

Aber diesmal vor Glück.

Die Flagge vom Eisbärenland

„Schau mal da, der bunte Stoff,
der dort im Wind flattert!",
sagt Eddie Eisbär
zu seinem Freund Fritz, dem Eisfuchs.
Er zeigt dabei auf ein großes Schiff,
das an einem Eisberg vorbeifährt.

„Mann, Eddie, das ist eine Flagge!",
stöhnt Fritz.

„Und, Herr Oberschlaufuchs,
wozu soll so was gut sein?",
fragt Eddie.

„Jedes Land hat eine eigene Flagge.
Daran erkennt man
schon von weitem,
woher ein Schiff kommt",
antwortet Fritz.

42

Dann holt er Stifte und Papier

aus seinem Rucksack

und malt einige Flaggen für Eddie auf.

„So sieht die Flagge

von Kanada aus.

Und diese Sterne hier

sind auf der Flagge von China."

„Und was für eine Flagge

haben wir hier im Eisbärenland?",

fragt Eddie.

Da ist sogar Schlaufuchs Fritz
für einen Moment ziemlich ratlos.
„Ich glaube,
das Eisbärenland hat keine Flagge."
„Dann lass uns doch eine Flagge
für das Eisbärenland erfinden",
jubelt Eddie.
„Ein Super-Vorschlag",
sagt Fritz.

„Wir malen einen weißen Eisbären,
was meinst du?",
fragt Eddie.
Fritz nickt.
„Aber dann malen wir
den Hintergrund blau,
damit man den Eisbären
auch sieht!",
bestimmt Fritz.

Eddie ist schon ganz eifrig

bei der Sache.

„Eine Schneeflocke

muss noch auf die Flagge",

sagt er und malt sie hin.

Dann hält er die fertige Flagge hoch.

46

„Nicht übel", findet Fritz.

„Jetzt binden wir sie noch

an einen Besenstiel

und stellen die Flagge

hoch oben auf den Eisberg."

„Ja", strahlt Eddie.

„Dann weiß nämlich jedes Schiff,

dass hier das Eisbärenland ist!"

Eisbär mit Brille

„Wieso versteckst du dich denn
hier in dieser Eishöhle?",
fragt Erich, der Elch,
seinen Eisbär-Freund Oskar.

„Weil ich so hässlich bin!",
schimpft Oskar und zeigt wütend
auf die Brille,
die auf seiner Nase sitzt.

48

„Das ist doch Quatsch!", findet Erich.

„Eine Brille ist sehr praktisch.

Du siehst zum Beispiel

jedes Eisloch!

Und zwar schon lange,

bevor du hineinfällst!"

Oskar schüttelt den Kopf:

„Die anderen Eisbären

werden mich auslachen.

Oder hast du schon mal

einen Eisbären mit Brille gesehen?"

„Oskar", erklärt Erich,

„es gibt immer jemanden,

der etwas zum ersten Mal macht

oder hat oder denkt."

Oskar überlegt.

„Das sagst du doch nur,

um mich zu trösten."

Erich schnaubt und wackelt

mit seinem prächtigen Geweih.

50

„Überhaupt nicht", sagt er.

„Was glaubst du,

wie die anderen Elche

über den ersten Elch

mit Geweih gelacht haben!"

„Elche ohne Geweih,

das gibt's ja gar nicht!"

Oskar tippt sich

mit der Pfote an die Stirn.

„Das denkst du nur,
weil du es nicht anders kennst",
sagt Erich.
„Wer weiß,
vielleicht haben in 100 Jahren
alle Eisbären eine Brille!"

Da muss Oskar so sehr lachen,
dass ihm die Brille herunterrutscht.
Ohne seine Brille sieht Oskar
Erich ganz anders,
richtig verschwommen.

52

Nachdenklich rückt er
seine Brille wieder auf die Nase.
„Vielleicht hast du Recht",
murmelt Oskar.
„Ganz bestimmt",
sagt Erich.

Und dann machen sich die beiden
auf zur Jagd.
Diesmal hat Oskar den Durchblick.
Er fällt in kein einziges Eisloch!

Ein neuer Name

Bibi Eisbär ist zum ersten Mal
ganz weit weg vom Nordpol.
Ihre Eltern haben sie in die Ferien
zu Onkel Karl geschickt.
Und Onkel Karl wohnt in Australien.
Er ist ein Koala
und hat lustige Pinsel an den Ohren.

Aber Onkel Karl ist gar nicht lustig,
sondern ganz schön streng.
Ständig muss Bibi
diese fiesen Blätter fressen.

Die schmecken ganz fürchterlich
nach Hustensaft.
„Das ist schon ein komisches Land",
sagt sich Bibi
und geht zum Spielen
an den Fluss.

Da sieht sie grün glitzernde Tiere
mit riesigen Zähnen am Ufer.
Bibi dreht sich um
und rennt weg,
so schnell sie kann.
Rums,
geradewegs in ein anderes
merkwürdiges Tier hinein.

56

„Wohin so eilig?",
fragt das Tier
und lacht Bibi freundlich an.
„Lass uns schnell wegrennen,
dahinten sind nämlich Tiere
mit schrecklichen Zähnen!",
sagt Bibi aufgeregt.
Das Tier lacht.

„Das sind nur Krokodile,
die tun dir nichts.
Und ich bin Kukuju Känguru
und tue dir auch nichts."
Bibi ist erleichtert.

„Wenn du willst,
zeig ich dir noch mehr Tiere",
schlägt Kukuju vor.
Das findet Bibi toll.
Endlich mal ein Tier,
das nicht komisch ist.

Kukuju zeigt Bibi einen Vogel
mit weißen Federn.
„Den nennt man Kakadu!",
erklärt Kukuju.
Bibi muss plötzlich lachen.
„Weißt du,
was wirklich komisch ist?",
fragt sie ihre neue Freundin.
„Bei euch fängt jeder Tiername
mit dem Buchstaben ‚K' an."

„Das stimmt", überlegt Kukuju.

„Weißt du was, Bibi?

Solange du hier bei uns bist,

solltest du auch

einen K-Namen tragen."

Und so passiert es.

Bibi bekommt einen neuen Namen.

Alle nennen sie jetzt Kiki.

Beatrix Mannel lebt mit ihrem Mann und ihrem Sohn Janosch im Biergarten- und Medienzentrum Deutschlands: in München. Nachdem sie die Uni hinter sich gelassen hatte, arbeitete sie knapp zehn Jahre in den unterhaltsamen Niederungen des deutschen Fernsehens, zum Beispiel für *Herzblatt* oder den *Disneyclub*.

Rooobert Bayer, 1968 in Wien geboren, machte sein Hobby mit 24 Jahren zum Beruf. Als Zeichner war jetzt kein Blatt Papier mehr vor ihm sicher. Von Karikaturen bis zu Wandgemälden malte er fast alles, was ihm unter die Pinsel kam. Jetzt illustriert er insbesondere Kinderbücher.